Paul Posener:

Grundriss des gesamten deutschen Rechts

in Einzelausgaben

J. Heines Verlag.
Berlin.

18. Band: Römische Rechtsgeschichte

Preis 90 Pf.

Grundriß

des gesamten

deutschen Rechts

in Einzelausgaben

von

Paul Posener.

18. Band.

Römische Rechtsgeschichte.

Berlin 1901.
J. J. Heines Verlag.

Vorwort.

Die Bearbeitung der **römischen Rechtsgeschichte** durfte aus dem Grunde kurz gefaßt werden, weil der größte Teil des Stoffes bereits in den Bänden 1 bis 5 und 8 dargestellt ist. Demnach giebt die zweite Abteilung der Darstellung nur die wichtigsten Hinweise.

Mit diesem zuletzt fertiggestellten Bande liegt mein Grundriß nunmehr vollendet vor.

Die erste Abteilung enthält in sieben Bänden das gesamte **bürgerliche Recht:** 1. allgemeiner Teil, 2. Recht der Schuldverhältnisse, 3. Sachenrecht, 4. Familienrecht, 5. Erbrecht, 6. Handelsrecht, 7. Wechselrecht, Seerecht.

Die zweite Abteilung umfaßt in zehn Bänden das gesamte **öffentliche Recht:** 8. Gerichtsverfassung, 9. Zivilprozeß, 10. Zwangsvollstreckung, Konkurs, freiwillige Gerichtsbarkeit, 11. Staatsrecht, Verfassungsrecht, 12. Verwaltungsrecht, 13. Völkerrecht, internationales Recht, 14. Kirchenrecht, 15. Strafrecht, 16. Strafprozeß, 17. Militärrecht.

In der dritten Abteilung ist in drei Bänden die **Rechtsgeschichte** bearbeitet: 18. römische Rechtsgeschichte, 19. deutsche Rechtsgeschichte, 20. brandenburg-preußische Rechtsgeschichte.

Indem ich so dem letzten Bande das Geleite gebe, weiß ich sehr wohl, daß ich erst am Anfange meines Werkes stehe. Vieles wird zu verbessern, vieles zu ergänzen, manches zu streichen sein. Der Verfasser fühlt ja doch selbst in der Regel am ehesten, wo und worin die Mängel der Arbeit zu finden sind. Deshalb habe ich auch gern die im ganzen nicht unbillige Kritik, die mir im Drucke, aber auch schriftlich und mündlich geboten wurde, aufzunehmen und zu berücksichtigen gesucht. Ich glaube auch, daß die zweite Serie (elf Bände: 1901) den Beweis eines Fortschrittes erbringe.

Mit aller Entschiedenheit wende ich mich aber gegen die durchaus rückständige Auffassung, daß der ganze Plan des Grundrisses an der Unausführbarkeit der Idee scheitern könne. Die moderne Zeit ist universaler Bildung nicht eben hold, und es giebt auch natürlich Juristen, die vor der Behauptung sich nicht scheuen, man könne höchstens ein bis zwei Fächer beherrschen. Ich bin zwar dem Spezialismus nicht gram, aber vor derlei Thorheiten soll der Himmel die Rechtswissenschaft bewahren! Bei solchen Auffassungen käme es bald soweit wie in der Medizin, wo der berühmte Chirurg den verdorbenen Magen seiner Tochter vom praktischen Arzte auskurieren läßt.

Ich bin fest davon überzeugt, daß ein ausreichendes allgemeines Wissen in jedem Fache von dem Juristen aufgenommen werden kann; ich halte es aber auch für eine Forderung der ausgleichenden Gerechtigkeit, daß dasselbe Maß des Wissens von jedem Kandidaten verlangt werde.

Nicht der Sitte, sondern dem Gefühle folgend danke ich den vielen Herren, die mir persönlich oder dem Verlage gegenüber ihr warmes Interesse an meinem Unternehmen bekundet haben. Es ist dies von Juristen aller Stände geschehen, alte Praktiker, junge Anfänger, Professoren, Repetitoren, Kandidaten, Studenten, sie alle haben mir durch ihre Anteilnahme eine große Freude bereitet.

Zu ganz besonderem Danke hat mich indessen der Herr Verleger verbunden. Sein sachverständiger Rat, seine energische Initiative, seine rührige Propaganda sind die Faktoren, denen ich es danken muß, daß mein Grundriß eine Verbreitung erhalten hat und wohl behalten wird, wie sie nicht häufig den Ausführungen neuer Ideen zu teil wird.

Breslau 7, im Oktober 1901.

Posener.

Inhaltsverzeichnis.

1. Abteilung:

Rechtsgeschichte.

1. Kapitel:

Staatsrecht.

2. Kapitel:

Verwaltung.

1. Zur Zeit der Republik.

2. In der Kaiserzeit.

3. Kapitel:

Rechtsquellen.

2. Abteilung:

Privatrecht.

1. Kapitel:

Allgemeiner Teil.

2. Kapitel:

Sachenrecht.

3. Kapitel:

Obligationenrecht.

4. Kapitel:

Familien- und Erbrecht.

1 Abteilung.

Rechtsgeschichte.

1. Kapitel:

Staatsrecht.

§ 1. Königszeit.

Perioden der Rechtsgeschichte:

1. seit **Gründung** Roms bis zur **Zwölftafelgesetzgebung** 753 v. Chr. bis 450 v. Chr.;
2. bis zur **Alleinherrschaft** des Augustus 450 v. Chr. bis 31 v. Chr.;
3. bis zum Tode **Diokletians** 31 v. Chr. bis 305;
4. bis zu **Justinians** Tode 305 bis 565.

Gründung Roms ist nach Varro 753 v. Chr. erfolgt; zuerst angeblich drei Stämme: **Ramnes, Titis, Luceres.**

Sieben Könige seit Gründung: Romulus, Numa Pompilius, Tullus Hostilius, Ancus Marcius, Tarquinius Priscus, Servius Tullius, Tarquinius Superbus.

Wahl des Königs durch den populus, dann inauguratio, hierauf **patrum auctoritas,** d. i. Bestätigung durch den Senat, schließlich **lex curiata de imperio,** d. i. Uebertragung der höchsten Gewalt an den König.

Beim **Tode** des Königs: res ad patres redit, d. h. der Senat regiert durch 10 **interreges.**

Römisches Volk scheidet sich scharf in patres und plebs.

Patres, Patrizier, sind die allein vollberechtigten römischen Bürger, Angehörige der genannten 3 Tribus.

Jede **Tribus** hat 10 Kurien, jede **Kurie** 10 gentes. Zu den gentes gehören auch die **Klienten,** die in der gens ihren Patron haben; sie sind jedoch nicht aktiv berechtigt.

Plebs, Plebejer, sind ursprünglich rechtlos; durch die servianische Verfassung ist ihnen einiges Recht gewährt; Gleichberechtigung erst nach langem Ständekampfe.

Entstehung der plebs nach:

a. **Mommsen:** Loslösung von Klienten aus ihrer Abhängigkeit von der patrizischen gens;

b. Niebuhr: Angehörige unterworfener Stämme, die in Rom ansässig gemacht worden sind.

Beamte: praefectus urbi, tribunus celerum, quaestores paricidii, duumviri perduellionis (letztere nur ad hoc bestellt).

Priesterkollegien:

1. **pontifices,** von größter Bedeutung für die Entwickelung des Privatrechtes, da sie das ius sacrum allein kannten und die Kalenderberechnung geheim hielten; letzteres deshalb von großer Bedeutung, weil lege agere nur an den jenen allein bekannten dies fasti erlaubt ist;

2. **augures** für die Auspizien; daher von Bedeutung für Staatsrecht;

3. **fetiales** für Verkehr 2c. mit dem Auslande, also bedeutungsvoll für Völkerrecht.

§ 2. Republik.

Nach Vertreibung der Könige 510 v. Chr. werden **zwei consules** auf je 1 Jahr gewählt.

Konsul hat dasselbe imperium wie der König, jedoch ist er nur für 1 Jahr bestellt. Der andere Konsul hat Interzessionsrecht; die Priesterthätigkeit üben die pontifices aus.

Ueber **Einschränkung** des Konsulates durch Abzweigung von Aemtern siehe w. u. Seite 6.

Ueber **Gesetzgebung** vgl. w. u. Seite 7.

Nach Beendigung des Ständekampfes entsteht durch Vereinigung der patres und der reichen Plebejer ein neuer Stand, die **optimates;** gegen deren Uebergewicht: Bestrebungen der Gracchen.

Seit lex Sempronia iudiciaria als neuer Stand die **equites.**

Oktavian (Augustus) wird 31 v. Chr. Alleinherrscher, ohne sich allerdings den Königstitel zu geben; vielmehr nennt er sich nur princeps.

§ 3. Kaiserzeit.

Augustus hat sich nach und nach alle Aemter verleihen lassen, um so auf gesetzlich erlaubte Weise (d. i. ohne flagranten

Verfassungsbruch) die Fülle der königlichen Gewalt in sich zu vereinigen.

Insbesondere erhielt Augustus 27 v. Chr. die **potestas proconsularis et imperatoria,** 23 v. Chr. die **potestas tribunicia,** 19 v. Chr. die potestas censoria, 12 v. Chr. das Oberpontifikat.

Später geschieht Uebertragung durch **lex regia** oder lex de imperio. — Die Kaiser nehmen außerdem für sich das Recht der Gesetzgebung (wenigstens später) und das Recht, als letzte Instanz, oder überhaupt Prozesse zu entscheiden, in Anspruch.

Kaiser nimmt gewöhnlich einen **Mitregenten** an, z. B. Sohn, Adoptivsohn; dieser folgt in der Regierung; jedoch **keine Erblichkeit.**

Nach dem Tode des Kaisers: **Totengericht** des Senates, und zwar entweder consecratio oder damnatio memoriae; durch consecratio erhält der Tote den Titel **divus** (weiland Kaiser).

2. Kapitel:

Verwaltung.

1. Zur Zeit der Republik.

§ 4. Komitien.

Komitien sind Versammlungen römischer Bürger zur Ausübung ihrer staatsbürgerlichen Rechte, z. B. Abstimmung über Gesetze, Testamentserrichtung, Arrogation.

Im Gegensatze hierzu ist **contio** eine formlose Vorversammlung zwecks Diskussion von Komitialangelegenheiten. In der contio wird diskutiert, aber nicht votiert; im comitium wird votiert, aber nicht diskutiert.

Arten der Komitien: comitia curiata, centuriata, tributa.

1. **Comitia curiata:** Versammlungen der patres, nach Kurien geordnet; ursprünglich die einzig bedeutungsvollen, später (seit Zenturiatverfassung) nur noch **zuständig** für lex curiata de imperio, arrogatio, testamentum calatis comitiis.

Berufung durch jeden magistratus maior cum imperio, auch durch pontifex maximus.

2. **Comitia centuriata.**

Servius Tullius hat das gesamte Volk wegen der Steuern und für Heeresdienst in **193 Zenturien** geteilt; diese Versammlung Hauptgesetzgebungskörper.

Einteilung in fünf Klassen:

1. **achtzig** Zenturien der Bürger, die ein Vermögen von wenigstens 100 000 asses haben:
2. **zwanzig** Zenturien — 75 000 asses;
3. **zwanzig** Zenturien — 50 000 asses;
4. **zwanzig** Zenturien — 25 000 asses;
5. **dreißig** Zenturien — 12 500 asses;

Zu diesen 170 Zenturien treten noch aus Bürgern der ersten Klasse hinzu: **18 Reiterzenturien;** sodann stehen zwischen den beiden ersten Klassen 2 Zenturien der **fabri** (Zimmerer und Schlosser) und 2 Zenturien **Musikanten** (cornicines und tubicines). Der Rest des Volkes (nicht angesessene Bürger, arme Leute 2c.) bilden eine Zenturie der **capite censi.**

Einteilung wird nach einem lustrum (fünf Jahre) vom Zensor besorgt.

Zuständigkeit der Zenturiatkomitien:

a. **Gesetzgebung,** hierzu auctoritas patrum erforderlich; durch lex Publilia 339 v. Chr. wird bestimmt: ut legum, quae centuriatis comitiis ferrentur, patres **ante initum suffragium** auctores fierent;

b. **Wahlen** der Konsuln, Prätoren, Zensoren, ursprünglich auctoritas patrum verlangt, später 287 v. Chr. durch lex Maenia beseitigt;

c. **Kriegserklärung** und Friedensschluß;

d. **Berufung** gegen Urteile der Konsuln auf Tod oder Leibesstrafe gemäß der lex Valeria de provocatione 509 v. Chr.: ne quis magistratus civem Romanum adversus provocationem necaret neve verberaret.

Berufung erfolgt durch magistratus maior cum imperio.

Bei der **Abstimmung** wird aufgehört, sobald sich — das Stimmenzählen von einer centuria praerogativa (ursprünglich die 18 Reiterzenturien) anfangend — die absolute Majorität (97 Zenturien) dafür erklärt. Ist also die erste Klasse einig, dann werden die anderen erst garnicht gefragt.

Hingegen stimmen in den **beiden anderen Komitien** die curiae und die tribus sämtlich gleichzeitig.

3. **Comitia tributa:** Versammlungen des in tribus geordneten Volkes; 4 städtische, 31 ländliche Tribus. Hier also patres und plebs vertreten.

Zuständigkeit:
a. Gesetzgebung ohne auctoritas patrum,
b. Wahlen der niederen Beamten,
c. Berufung gegen Multen nichtplebejischer Beamten.

Einberufung durch magistratus maiores.

Als comitia tributa werden auch Versammlungen der plebs ohne patres **(concila plebis)** bezeichnet; seitdem den Plebiszіten allgemein verbindende Kraft beigelegt worden ist (vergleiche über die entsprechenden Gesetze w. u. Seite 9), nehmen auch patres hier teil.

Zuständigkeit dieser concilia plebis:
a. Gesetzgebung;
b. Wahlen der **plebejischen** Beamten (Tribun, Ädil),
c. Berufung gegen Multen **plebejischer** Beamten.

In allen Komitien Abstimmung durch Stimmtafeln, und zwar:
a. **ja:** für Gesetze **U R** = uti rogas; für Urteile **C** = condemno;
b. **nein:** für Gesetze **A** = antiquo; für Urteile **A** = absolvo;
c. **unentschieden: N L** = non liquet.

Gesetzgebung geht in der Weise vor sich, daß ein Magistrat mit ius agendi das Gesetz ankündigt, **latio legis.** Der Entwurf wird auf Tafeln öffentlich bekannt gegeben, **promulgatio,** damit darüber Diskussion in den contiones. In dem comitium sodann **rogatio;** nach Annahme erfogt publicatio, d. i. Gesetz wird auf Erztafeln bekannt gegeben. — **Geltungsbeginn** bereits mit Annahme.

Teile eines Gesetzes:

a. **praescriptio** bezeichnet den rogierenden Magistrat und giebt über Abstimmung Auskunft;

b. **rogatio** enthält den tĕnŏr in Befehlsform;

c. **sanctio** giebt Vorschriften wegen Uebertretung des Gesetzes; über lex perfecta rc. vergleiche Grundriß Band 1, Seite 5.

§ 5. Senat.

Zur Zeit der Könige im Senate nur Patrizier, später auch Plebejer. Ursprünglich 300 Senatoren, unter Cäsar 1000, durch Augustus bis 600 vermindert.

Zuständigkeit: ursprünglich nur consulere, dann Gesetzgebung in Religionssachen, schließlich als Gesetzgebungsorgan anerkannt.

S P Q R = senatus populusque Romanus, Bezeichnung aus der Zeit der Republik, wo Senat das Reich in Wirklichkeit regierte; namentlich in Beziehungen zu fremden Staaten.

§ 6. Aemter.

Magistratus maiores: Konsul, Prätor, Zensor, außerdem magistratus extraordinarii, z. B. Diktator.

Magistratus minores: Ädil, Quästor, vigintisexviri.

Kurulische Magistrate heißen die auf der sella curulis sitzenden höheren Beamten und kurulischen Ädilen.

Die **einzelnen Magistrate** sind:

1. **Konsul** hat imperium, ius referendi und agendi;
2. **Prätor** ist 367 v. Chr. eingesetzt worden, um vom Konsulate, das nun den Plebejern zugänglich war, die iurisdictio abzuzweigen und daraus ein rein patrizisches Amt zu bilden. Ursprünglich nur ein **praetor urbanus**, qui inter cives ius dicit; seit 247 v. Chr. ein **praetor peregrinus**, qui inter cives et peregrinos ius dicit;
3. **Zensor** zur Aufstellung des Zensus, Sittenregiment (regimen morum), Auswahl der Senatoren;
4. **Kurulische Ädilen** seit 367 v. Chr. Polizeibeamte, insbesondere iurisdictio in Marktsachen;
5. **Quaestores** paricidii, auch zur Verwaltung des aerarium Saturni;
6. **Volkstribun** 494 v. Chr. infolge der ersten secessio plebis in montem sacrum eingesetzt. Tribun hat zum Schutze der plebs gegenüber jedem ordentlichen Magistrate das ius auxilii et intercedendi; ferner das ius cum plebe agendi;
7. Ueber **aediles plebis** siehe Grundriß Band 8, Seite 2.

2. In der Kaiserzeit.

§ 7. Stellung des Kaisers.

Einzelne wichtige Daten:

Augustus 31 v. Chr. bis 14; **Vespasian** 69 bis 79; **Hadrian** 117 bis 138; Antoninus Pius **(divus Pius)** 138 bis 161; Mark Aurel und Lucius Verus **(divi fratres)** 161 bis 169; **Mark Aurel** allein 169 bis 180; **Caracalla** (dious Antoninus) 211 bis 217; **Diokletian** 284 bis 305; **Konstantin** 323 bis 337; — **Justinian** 527 bis 563.

Kaiser gilt ursprünglich (als princeps) nur wie ein höchster Beamter; **in der späteren Zeit fällt die Beschränkung durch Senat und Komitien völlig fort:** der **Kaiser** ist ein **numen divinum**, sein Thun ist heilig; Despotie.

§ 8. Organe.

Die früheren Aemter verlieren meist ihre Bedeutung.

Von den **kaiserlichen Beamten** sind zu nennen:

1. in der dritten Periode: **praefectus praetorio,** insbesondere zur Gerichtsbarkeit vice sacra; **praefectus urbi;**

2. in der vierten Periode vollkommene **Neuordnung.** Einteilung in dignitates (höhere Aemter) und officia (niedere Aemter).

Dignitates sind palatinae, civiles, militares; drei Rangklassen.

3. Kapitel:

Rechtsquellen.

§ 9. Rechtsquellen der älteren Zeit.

Rechtsquellen sind Gewohnheitsrecht und Gesetz.

Gewohnheitsrecht, consuetudo, mores, ius non scriptum, ist das Recht der älteren Zeit; durch Gesetzgebung zurückgedrängt, aber ihr gleichgestellt. Vergleiche Grundriß Band 1, Seite 8 und 9.

1. Volksgesetze.

Volksgesetze sind leges und plebiscita.

Leges entstehen durch Beschluß des populus (des ganzen Volkes); **plebiscita** durch Beschluß der plebs ohne Zuziehung der Patrizier. Ursprünglich wird zu gemeiner Giltigkeit (also über plebs hinaus) der Plebiszite verlangt, daß Senat und Zenturiatkomitien zustimmen. Durch lex **Valeria Horatia** 449 v. Chr., lex **Publilia** Philonis 339 v. Chr., lex **Hortensia** 287 v. Chr. ist Gleichstellung von lex und plebiscitum erfolgt: **ut quod tributim plebes iussisset, populum teneret.**

Leges oder populiscita heißen nach den Komitien: leges curiatae und leges centuriatae; nach dem rogierenden Magistrate: leges regiae, consulares, praetoriae, tribuniciae.

Königsgesetze, leges regiae, sollen von C. Papirius, dem ersten pontifex maximus der Republik, zusammengestellt sein, sog. **ius civile Papirianum,** enthält sakrales Recht, das den einzelnen Königen zugeschrieben wird; vermutlich nur pontifikale Satzungen (de ritu sacrorum), die übrigens nicht Volksgesetze sein konnten.

Die **lex duodecim tabularum** ist die erste Kodifikation des Rechtes unter gleichzeitiger Publikation des Textes, während bis dahin das Recht und der **Kalender** geheim gehalten waren. Die zwölf Tafeln heißen **„lex"** schlechthin, sie werden fons omnis publici privatique iuris von Livius genannt.

Entstehungsgeschichte. Bereits 462 v. Chr. durch Volkstribun C. Terentilius Harsa beantragt: ut quinque viri creentur legibus de imperio consulari scribundis; hierauf wird 452 v. Chr. beschlossen, decemviri consulari imperio legibus scribundis zu wählen. — Eine dreigliedrige **Kommission** studiert mit Unterstützung des Ephesers Hermodoros die griechische Gesetzgebung. Nach ihrer Rückkehr 451 v. Chr. Wahl der decemviri als unverantwortlicher Magistrate (nach dem Muster der Aisymnetie) zur Gesetzgebung; für diese Zeit wird die Verfassung suspendiert.

Die erste Kommission der **decemviri** 451 v. Chr., Patrizier, unter Appius Claudius, stellen zehn Tafeln auf. Eine zweite Kommission 450 v. Chr., sieben Patrizier und drei Plebejer, fügen noch die beiden (von Cicero wegen des Eheverbotes zwischen Patriziern und plebs so genannten) **tabulae iniquarum legum** hinzu.

Die zwölf Tafeln wurden in Elfenbein (so Pomponius) oder Kupfer auf dem Forum aufgestellt; bei dem Einfalle der Gallier 390 v. Chr. vernichtet.

Inhalt der lex: bürgerliches und öffentliches Recht. **Beispiele** (die römischen Zahlen bezeichnen die Tafeln, die arabischen den Satz):

I 1: si in ius vocat, ito. ni it, antestamino: igitur em capito.

III 6: tertiis nundinis partis secanto. si plus minusve secuerunt, se fraude esto.

IIII 2: si pater filium ter venum duuit, filius a patre liber esto.

V 3: uti legassit super pecunia tutelave suae rei, ita ius esto.

V 4: si intestato moritur, cui suus heres nec escit, adgnatus proximus familiam habeto.

V 5: si adgnatus nec escit, gentiles familiam habento.

VI 1: cum nexum faciet mancipiumque, uti lingua nuncupassit, ita ius esto.

VIII 1: qui malum carmen incantassit. . .

VIII 2: si membrum rupit, ni cum eo pacit, talio esto.

VIII 12: si nox furtum faxsit, si im occisit, iure caesus esto.

X 1: hominem mortuum in urbe ne sepelito neve urito.

Chronik der Volksgesetze, leges publicae populi Romani:

lex Iunia tribunicia 509 v. Chr.: statt des Königes zwei Konsuln, ferner ein pontifex maximus und (zur Täuschung der Götter, die an die Wahrnehmung der Opfer durch einen König gewöhnt sind) ein politisch ganz unbedeutender rex sacrificulus.

lex tribunicia prima 494 v. Chr.: nach der ersten secessio plebis in montem sacrum werden zum Schutze der plebs zwei tribuni plebis und zu ihrer Unterstützung zwei aediles plebis eingesetzt; über die letzteren vgl. Grundriß Band VIII, Seite 2.

lex **Publilia** Voleronis 471 v. Chr.: ut plebeii magistratus tributis comitiis fierent.

lex Licinia Stolonis 367 v. Chr. ist eine lex satura (d. h. aus verschiedenen Materien zusammengesetzt):

1. ut deducto eo de capite, quod usuris pernumeratum esset, id quod superesset triennio aequis portionibus persolveretur;

2. ne quis plus quam quingenta iugera agri publici possideret;

3. ne tribunorum militum comitia fierent, consulumque utique alter ex plebe crearetur. Infolge dieser Bestimmung (daß auch Plebejer Konsuln werden) ist die Prätur abgezweigt worden.

lex Ogulina 300 v. Chr.: Plebejer werden zum Pontifikate zugelassen; erster plebejischer Oberpontifex: Tiberius Coruncanius, zugleich der erste Rechtslehrer.

lex Hortensia 287 v. Chr. nach der letzten Sezession der plebs: ut plebeiscita universum populum tenerent.

2. Edicta magistratuum.

Edicta sind die von einem Beamten (magistratus) innerhalb seines Amtsbereiches erteilten Befehle, und zwar mündlich vor einer contio oder schriftlich durch Aushang.

Dauer: Edikte für die ganze Amtsdauer eines Magistrates heißen edicta perpetua, für einen besonderen Fall edictum repentinum. Zur Orientierung darüber, wie der Prätor sein Amt handhaben will, erläßt er bei Beginn seiner Thätigkeit ein edictum perpetuum, das auf einer weißen Tafel, album, öffentlich ausgestellt wird. In derselben Weise:

edicta **aedilicia** der kurulischen Ädilen über Sklaven- und Viehkäufe;

edicta **provincialia** der Provinzialstatthalter.

Edicta tralaticia sind die Bestimmungen, die vom Amtsvorgänger auf den Nachfolger übergehen, d. h. in dessen Edikt übernommen werden. Daher eine Ständigkeit der Rechtspflege mit der Möglichkeit der Neuerung bequem verbunden.

Das Ediktsrecht wird **ius honorarium** (honos=Amt), Amtsrecht, genannt, im Gegensatze zum ius civile, das aus Gesetz oder Gewohnheitsrecht entspringt. Magistrat kann nicht Recht schaffen: das Edikt besteht nach Papinian iuris civilis adiuvandi vel supplendi vel corrigendi causa; dennoch wirkt der Prätor rechtschaffend, und zwar auf dem Gebiete des Rechtsschutzes; actionem dabo, in integrum restituam.

Unter Hadrian hat **Salvius Julianus,** legum et edicti perpetui subtilissimus conditor, 131 das Edikt geordnet; diese Redaktion wurde sodann durch eine oratio und ein entsprechendes SC als offizielles, unabänderliches Edikt erklärt. Wiederherstellungsversuche: Rudorff 1869, Lenel 1883.

Gegensatz zwischen ius civile und ius honorarium hat bis zum 3. sc. bestanden; erst seit Diokletian ein gewisser Ausgleich.

3. Senatus consulta.

In älterer republikanischer Zeit kein Gesetzgebungsrecht des Senates, abgesehen von Religionssachen und Provinzialverwaltung; wohl aber Einfluß auf die Gesetzgebung durch die **patrum auctoritas,** Vorberatung und Auslegung von Gesetzen, Erteilung von Dispensen. Am Ende der Republik hat Senat sich Gesetzgebung angemaßt und in der Kaiserzeit uneingeschränkt. **Kaiser** haben zuerst dieses Recht respektiert und selbst oder durch ihren quaestor Anträge (orationes) gestellt. Nachdem Senat an Bedeutung verloren, ist Einbringen der **oratio** lediglich Formsache; daher gilt später oratio ohne weitere Befragung des Senates als Gesetz.

Chronik der SC:

S C **de bacchanalibus** 186 v. Chr.: Verbot des Bacchuskultes für Rom und Italien.

S C Silanianum 10: Sklave wird zur Belohnung frei, wenn er den Mörder des Herrn nennt.

S C Vellaeanum 46: Interzessionen der Weiber sind unwirksam.

S C Macedonianum 47: Gelddarlehen an Hauskinder begründen nur eine Naturalobligation; benannt nach Mácēdo, der überschuldet seinen Vater erschlug, um seine Gläubiger zu bezahlen.

S C Claudianum 52: eine Freie, die sich mit einem fremden Sklaven einläßt, wird Eigentum von dessen Herrn, wenn sie der dreimaligen Mahnung nicht folgt.

S C Neronianum zwischen 54 und 68: Ausgleichung der verschiedenen Legatsformen.

S C Trebellianum 56 oder 57: nach Herausgabe der Erbschaft hat der Universalfideikommissar für Schulden einzustehen.

S C Pegasianum 75: Erbe hat gegenüber dem Universalfideikommissar den Quartabzug.

S C Tertullianum zwischen 117 und 138: Erbrecht der Mutter gegenüber den Kindern.

S C Iuventianum 129: über Umfang der hereditatis petitio.

S C Orphitianum 178: Erbrecht der Kinder gegenüber der Mutter.

Oratio Severi 195: Verbot der Veräußerung von Mündelgrundstücken.

Oratio Severi et Caracallae 206: Schenkungen unter Ehegatten konvaleszieren, wenn der Schenker, ohne wiederrufen zu haben, gestorben ist.

4. Constitutiones principum.

Kaiserliche Verfügungen haben seit dem 3. sc. Gesetzeskraft; für die frühere Zeit ist ihre Geltung als Rechtsquelle nicht unbedingt anerkannt. **Einteilung** der constitutiones:

a. **edicta:** kaiserliche Gesetze, auf Grund des ius edicendi für das ganze Reich erlassen.

b. **decreta:** Entscheidungen des Kaisers in Prozeßsachen erster oder höherer Instanz; seit Augustus ist die Gerichtsbarkeit des Kaisers (extra ordinem) anerkannt. Dekrete haben nur, wenn sie allgemeine Regeln aufstellen, als authentische Interpretation ꝛc. Bedeutung, z. B. decretum divi Marci bestraft Selbsthilfe des Gläubigers mit Verlust der Forderung.

c. **rescripta** sind solche epistulae (Erlasse in Briefform), die das Gesuch eines Privaten oder die Anfrage eines Beamten beantworten. Hier giebt Kaiser keine Entscheidung im einzelnen Falle, sondern erteilt **Rechtsbelehrung,** an die das Gericht gebunden ist. Beispiel: epistula divi Hadriani führt das beneficium divisionis ein.

d. **mandata:** Kaiser kann seine Befugnisse Beamten übertragen und giebt ihnen hierüber Anweisungen (mandata), so den Statthaltern und Prokuratoren.

§ 10. Kaisergesetzgebung.

Seit Diokletian, 284 bis 305, ist Kaiser unumschränkter Gesetzgeber.

Leges generales sind allgemeine Gesetze, die der Kaiser in Form der oratio an den Senat oder als leges edictales ans Volk oder an hohe Beamte richtet.

Rescripta: durch ihre große Masse für das Recht zu unübersehbar; daher durch Arcadius 398 allgemein verbindliche Kraft beseitigt. Bereits 426 wird verordnet, daß Reskripte sich allgemeine Verbindlichkeit beilegen können und so den leges generales gleichstehen. Nach Justinian hat jede kaiserliche Interpretation Gesetzeskraft.

Decreta stehen den Reskripten gleich; nach Justinian hat jedes in mündlicher Verhandlung der Parteien vor diesen ergangene Dekret allgemeine Wirksamkeit.

Mandata: allgemeine Dienstanweisungen.

§ 11. Justinian.

Flavius **Justinianus** (Upravda), 482 im westillyrischen Tauresium als Sohn des Sabbatius und der Bigleniza geboren, am 13. November 565 gestorben. Er ist Nachfolger seines

Onkels Justinus; er hat von 527 bis 565 regiert. Seine Frau ist die durch ihre Ausschweifungen berüchtigte ehemalige Schauspielerin Theodora.

Justinian hat sein großes Gesetzgebungswerk mit Hilfe namentlich seines Justizministers **Tribonian** und der Professoren **Theophilus** und **Dorotheus** durchgeführt.

Vorarbeiten sind vetus codex und liber L (=50) decisionum, 528 und 529.

Die große Kodifikation enthält **digesta, institutiones, codex, novellae,** seit 1583 (Gothofredus) corpus iuris civilis genannt.

1. **Digesta** oder Pandectae; Kompilation des geltenden Rechtes wird durch **constitutio deo auctore** 530 angeordnet. Der in den Schriften von 39 Juristen vorgefundene Stoff ist (nach Bluhme) in drei Massen verteilt worden:

a. **Sabinusmasse,** Zivilrecht;

b. **Ediktsmasse,** Honorarrecht;

c. **Papiniansmasse,** praktische Fälle (Responsen).

Hierzu kommt noch appendix (Postpapiniansmasse).

Publikation 533 durch constitutio tanta oder *δέδωκεν*, zugleich wird Kommentieren untersagt und erklärt, daß Widersprüche in den Digesten nicht vorhanden seien.

Einteilung in 50 libri, jeder liber hat tituli (jedoch 30, 31, 32 zerfallen in leges; man zitiert sie de legatis I, II, III); der titulus zerfällt in leges (fragmenta), eine lex in das principium und Paragraphen. Zu unterscheiden: juristische und philosophische Zitierart, z. B. l 7 § 5 D de pactis 2, 14 oder (besser und deutlicher): D 2, 14, 7, 5.

2. **Institutiones,** ein Lehrbuch mit Gesetzeskraft im Anschlusse an Gajus; vier Bücher.

3. **Codex** repetitae praelectionis ist eine Umarbeitung des vetus codex; zwölf Bücher.

4. **Novellae,** Sammlung neuerer Gesetze; insbesondere zu merken: nov. 4 über beneficium excussionis, nov. 99 über beneficium divisionis, nov. 115 über Pflichtteilsrecht, nov. 118 und 127 über gesetzliche Erbfolge.

§ 12. Rechtswissenschaft.

Veteres (Republic) bethätigen sich als juristischer Beirat (respondere), wirken bei Rechtsgeschäften mit (cavere), treten für eine Partei bei Gerichte auf (agere).

Augustus hat einzelne Juristen **privilegiert**, indem er ihren Responsen entscheidende Bedeutung für den einzelnen Prozeßfall giebt; bei Meinungsverschiedenheit mehrerer respondierender Juristen ist (nach Hadrian) der Richter nicht gebunden.

Kassiergesetz Konstantins 321: notae des Ulpian und Paulus zu den Werken Papinians haben keine entscheidende Bedeutung.

Zitiergesetz Theodosius II und Valentinian III 426: die Schriften von fünf Juristen, Papinian, Ulpian, Paulus, Modestinus, Gajus, erhalten Gesetzeskraft; sind diese fünf uneinig, dann entscheidet Stimmenmehrheit; sind die Stimmen (wegen Schweigens eines Juristen) gleich, dann giebt Papinian den Ausschlag, oder, falls er schweigt, entscheidet der Richter nach Ermessen.

Rechtsschulen der Sabinianer und Prokulianer.

1. **Sabinianer** oder Kassianer sind Anhänger des Kaisertumes, Fortschrittler.

Namen: Massurius Sabinus; Salvius Julianus (ordinator edicti perpetui), Pomponius (liber singularis enchiridii D 1, 2, 2, rechtsgeschichtlich), Afrikanus (Schüler Julians), Gajus.

2. **Prokulianer** oder Pegasianer sind Anhänger der Republik, hängen am Alten.

Namen: Markus Antistius Labeo, Pegasus (S C Pegasianum), Juventius Celsus (S C Juventianum, condictio Juventiana).

Seit dem 3. sc. keine Schulen mehr. **Klassische Juristen:** Papinian, Ulpian, Paulus, Modestin.

2. Abteilung:

Privatrecht.

1. Kapitel:

Allgemeiner Teil.

§ 13. Rechtsfähigkeit.

Für das ius civile hat nur der **Bürger** Rechtsfähigkeit, für das ius gentium auch der Peregrine. — Civitas ist Bürgerrecht.

Erwerb der civitas durch Geburt im iustum matrimonium oder sonst von einer Bürgerin, Verleihung, Freilassung. **Verlust:** Entziehung, Verurteilung, Erwerb eines anderen Bürgerrechtes, Sklaverei.

Inhalt der civitas:

a. ius commercii, Beteiligung bei zivilen Rechtsgeschäften als Kontrahent oder Zeuge; ebenso für Prozeß;

b. testamenti factio;

c. ius connubii: Möglichkeit eines iustum connubium;

d. ius suffragii: Stimmrecht in den Komitien; die allgemeinere comitiorum communio umfaßt auch die Teilnahme an Rechtsgeschäften, die vor den Komitien erledigt werden, z. B. testamentum calatis comitiis.

Sklaverei, iusta servitus:

a. entsteht durch Geburt von einer Sklavin, Verkauf der Kriegsgefangenen, zur Strafe für die Bürgerin in contubernio (vergl. w. o. S. 11), infolge von Verurteilung;

b. hört auf insbesondere durch **Freilassung,** und zwar manumissio testamento, manumissio vindicta (fiktive vindicatio in libertatem), manumissio censu (Anmeldung des Sklaven zum census), — seit **Konstantin** manumissio in ecclesia, — seit **Justinian** manumissio per epistulam (von fünf Zeugen unterschrieben) und manumissio inter amicos (vor fünf Zeugen).

Ueber Verhältnis von Patron und libertus Note A.

Dreifacher status (Rechtsstellung):

a. libertatis; Verlust heißt capitis deminutio maxima;

b. civitatis — media;

c. familiae — minima.

§ 14. Sachen.

An **res mancípi** (nicht etwa: máncipi) kann quiritisches Eigentum durch mancipatio erworben werden; hierzu gehören italischer Grund und Boden und die zur Bewirtschaftung erforderlichen Sachen, also ager privatus italicus, servi, quadrupedes quae dorso collove domantur nämlich boves, equi, muli, asini.

Res nec mancipi sind alle anderen Sachen, Eigentumserwerb durch formlose Tradition.

Bei beiden Arten von Sachen kann Eigentum durch in iure cessio erworben werden.

§ 15. Rechtsgeschäfte.

Pubertas, Mündigkeit d. i. Fähigkeit zur Vornahme von Rechtsgeschäften, wird anfangs bei Knaben nach dem physiologischen Vorgange beurteilt (zwischen 14 und 16) und durch Verleihung der toga virilis kenntlich gemacht; so auch nach den Sabinianern.

Seit Ende der Republik mit 14 Jahren (Prokulianer, Justinian). — Mädchen mit 12.

Wer nicht pubes ist, kann gehören zu den:

a. **infantes,** ursprünglich wer noch nicht sprechen kann, seit der Kaiserzeit bis zu 7; völlig geschäftsunfähig; oder

b. **impuberes infantia maiores,** über die infantia hinaus, können ihre Rechtslage selbständig verbessern, z. B. Schenkungsannahme, hingegen nur unter Mitwirkung des Vormundes sich verpflichten ꝛc., z. B. mutuum kontrahieren. — Insbesondere: **negotium claudicans** ist ein ohne Vormund abgeschlossenes, zugleich berechtigendes und verpflichtendes Geschäft (z. B. Kauf); hierbei wird der impubes infantia maior nur berechtigt, jedoch nicht verpflichtet.

Dauernd oder vorübergehend **Geisteskranke** sind in dieser Gemütsverfassung nicht geschäftsfähig; bei den furiosi werden lucida intervalla anerkannt (Geschäfte in solchen lichten Augenblicken sind giltig).

Interdictio ist Entmündigung des prodigus, durch dessen Verschwendung die Familie zu verarmen droht.

Formen der Rechtsgeschäfte s. w. u. bei den einzelnen Geschäften.

Stellvertretung im modernen Sinne, sog. unmittelbare, ist römisch unstatthaft, hingegen ist Uebermittelung des Willens durch Boten bei formlosen Geschäften statthaft.

Indirekte oder **mittellose Stellvertretung** geschieht so, daß Vertreter selbständig (ohne sich als einen Vertreter zu bezeichnen) Geschäft abschließt, hernach aber Gewinn, Klagen ꝛc. an den Vertretenen herausgiebt (je nach dem zu grundeliegenden inneren Verhältnisse).

2. Kapitel:

Sachenrecht.

§ 16. Besitz.

Besitzerwerb durch animus und corpus; Theorieen vergl. Grundriß Band 3, S 3 ff.

Paulus: possessionem acquirimus animo et corpore, animo utique nostro, corpore vel nostro vel alieno.

Longa manu traditio: Besitzer erklärt unter Hinweis auf die sichtbare Sache (z. B. Felder, Gärten, Häuser) den Willen, die Sache zu übergeben; der andere erwirbt Besitz, ohne die Sache besonders ergreifen zu müssen.

Brevi manu traditio: Besitzerwerb durch den, der bisher im Namen eines anderen besitzt, z. B. Detentor (Mieter &c.) wird durch Kauf Eigentümer.

Constitutum possessorium: der bisherige Eigentümer konstituiert (erklärt den Willen), nunmehr für einen anderen (z. B. den neuen Eigentümer, Käufer) besitzen zu wollen.

Papinianus: possessionem amitti vel animo vel etiam corpore.

Besitz durch Stellvertreter ausgeübt, geht dem Vertretenen noch nicht durch Tod, Willensunfähigkeit, treulose Aufgabe des Vertreters verloren.

§ 17. Eigentum.

Eigentum, dominium, proprietas, ist an sich unumschränkt; Beschränkungen des Eigentumes, sog. gesetzliche Eigentumsbeschränkungen, sind lediglich aus Zweckmäßigkeitsgründen, z. B. wegen des öffentlichen Interesses, gegeben. Daher braucht nicht die Freiheit des Eigentums bewiesen werden, vielmehr wird diese vom Rechte vermutet; bewiesen werden muß die Beschränkung. Ferner: fällt eine Beschränkung fort, so dehnt sich das Eigentum aus, sog. Elastizität.

Condominium plurium in solidum ist nicht möglich; eine Teilung in dominium directum und utile ist unrömisch.

Eigentumserwerb vollzieht sich originär oder derivativ.

Originärer Erwerb:

1. **occupatio** einer res nullius, d. i. eine herrenlose Sache, die noch nie im Eigentume stand (z. B. wilde Tiere) oder deren Eigentümer sein Recht durch derelictio aufgegeben hat;

2. Schatz, **thesaurus:** hier wird unterschieden:

a. zufälliges Finden auf fremdem Boden: Hälfte gehört dem Entdecker, Hälfte dem Grundstückseigentümer;

b. Finden auf eigenem Grundstücke: Schatz gehört dem Grundstückseigentümer ganz;

c. Suchen (also nicht durch Zufall) auf fremdem Boden: Schatz gehört dem Grundstückseigentümer ganz.

3. **Fruchterwerb** vollzieht mit Separation oder mit Perzeption:

a. durch Separation erwirbt: Eigentümer, Emphyteuta, gutgläubiger Besitzer; indessen muß der gutgläubige Besitzer auf die rei vindicatio des Eigentümers hin die noch vorhandenen

Früchte herausgeben, die verzehrten braucht er nicht ersetzen; ferner durch Separation: Nießbraucher bei Tierfrüchten;

b. durch **Perzeption** (Besitzergreifung nach Trennung) erwirbt: Nießbraucher bei Bodenfrüchten, Pächter;

4. Bei **Verbindung einer Sache mit einer anderen** ist zu unterscheiden:

a. bei Immobilien hat Grundstückseigentümer durch inaedificatio und implantatio Eigentum an den verbundenen Mobilien; superficies solo cedit. Ist durch Entwendung fremdes Baumaterial verbaut worden, dann actio de tigno iuncto auf das Doppelte;

b. bei Mobilien hat derjenige Eigentum am Ganzen, dessen Sache dem Ganzen am meisten ähnelt, z. B. gefärbte Wolle gehört nicht dem Eigentümer des Farbstoffes, sondern dem der Wolle; Ausnahme (Justinian): bemalte Tafel gehört dem Maler;

c. durch confusio entsteht Miteigentum nach dem Verhältnisse der ursprünglichen Flüssigkeiten;

d. durch commixtio kein Miteigentum, sondern Anteile an der Masse entsprechend der Größe der ursprünglichen trockenen Körper;

e. **Spezifikation ist Verarbeitung eines fremden Stoffes in eine neue Sache;** Sabinianer: Eigentum hat der Stoffeigentümer; Prokulianer: Eigentum hat der Verarbeiter gemäß dem Satze; res nullius cedit occupanti; **Justinian:** Stoffeigentümer behält Eigentum, wenn Sache sich in alte Form zurückführen läßt (z. B. Ring durch Einschmelzen in Gold), sonst hat Verarbeiter Eigentum.

5. Erwerb nach **Uferrecht:** alluvio, avulsio, insula in flumine nata, alvens derelictus.

6. **Ersitzung:** Erwerb des Eigentumes infolge fortgesetzten Besitzes. Arten der Ersitzung:

a. **usucapio:** oder (nach den 12 Tafeln): usus auctoritas dient dazu, quiritisches (altziviles) Eigentum in solchen Fällen zu verschaffen, in denen nur bonitarisches Eigentum **oder** gutgläubiger Besitz erlangt war. Usucapio gilt nur für Sachen, die im quiritischen Eigentume stehen können.

Erfordernisse der usucapio: rés habilís titulús fidés possséssio témpus.

α. **res habilis**: ungeeignet sind Sachen des Staates und Grenzen. Durch 12 Tafeln werden gestohlene Sachen usukapionsunfähig, auch wenn sie an Dritte gelangen; nach lex Atinia können gestohlene Sachen ersessen werden, nachdem sie wieder beim Eigentümer waren. Ebenso wie diese res furtivae werden behandelt: die res vi possessae nach der lex Julia et Plautia und die durch Mißbrauch der Amtsgewalt erlangten Sachen nach der lex Julia repetundarum.

β. **titulus**: objektives Erfordernis im Gegensatze zu fides; es wird Erwerb iusto titulo verlangt, d. h. Vorgänge, welche den Erwerb als rechtmäßig erscheinen lassen; z. B. titulus pro emtore, pro donato, pro soluto, pro legato, pro dote; originärer Titel, z. B. pro derelicto. Statt dieses wirklichen Titels genügt später auch Putativtitel, z. B. wenn man von einem Geschäftsunfähigen kauft. Wer pro possessore besitzt, kann wegen Fehlens des Titels nicht ersitzen. — „Pro" = als.

Ulpianus: pro possessore vero possidet praedo, qui interrogatus cur possideat, responsurus sit quia possideo.

γ. **fides** ist das subjektive Erfordernis des redlichen Erwerbes, demnach muß Ersitzer entschuldbar den Mangel beim Erwerbe nicht gekannt haben. Später hinzukommender böser Glaube schadet nicht: mala fides superveniens non nocet.

ς. **possessio**: Eigenbesitz an der zu ersitzenden Sache; bei Sachgesamtheiten, z. B. grex, werden die einzelnen Stücke ersessen.

δ. **tempus**: bei Immobilien zwei, sonst ein Jahr.

Anstelle der usucapio, die den Peregrinen nicht zugänglich und nicht für alle Sachen statthaft war, wird **longi temporis praescriptio** zunächst als Einrede gegeben, später ist sie Ersitzung; Besitz muß hier unter Zurechnung des Besitzes des auctor gewährt haben: inter praesentes (dieselbe Provinz) zehn, inter absentes (Eigentümer und Ersitzer in verschiedenen Provinzen) zwanzig Jahre.

Nach **Justinian** zwei Arten der Ersitzung:

a. ordentliche Ersitzung an Mobilien drei, an Immobilien zehn und zwanzig Jahre;

b. außerordentliche Ersitzung, longissimi temporis praescriptio, von 30 oder 40 Jahren; jedoch ist außerordentliche

Ersitzung überall da unstatthaft, wo Klageverjährung unzulässig, z. B. gegen impuberes, gegen Ehefrau wegen der Dotalsachen.

Derivativer Eigentumserwerb vollzieht sich im älteren Rechte durch mancipatio und cessio in iure, später durch traditio.

1. **Mancipatio** geschieht in Gegenwart des manzipationsfähigen Gegenstandes (der verkauft rc. wird) vor fünf cives Romani puberes und den Parteien und dem libripens ursprünglich in der Form, daß Erz (anstelle des erst später bekannten Geldes) zugewogen wurde. Später lediglich Formelakt imaginaria venditio per aes et libram. — Bei Grundstücken ursprünglich an Ort und Stelle, später genügt Vorlegen einer Scholle rc.

Hergang: Käufer rc. faßt die Sache an und sagt: hanc ego rem ex iure Quiritium meam esse aio, eaque mihi emta esto hoc aere aeneaque libra, sodann schlägt er mit dem raudusculum (Erzstück) an die Wage und übergiebt es dem Veräußerer als Kaufpreis.

Nuncupatio, mündliche Abmachung neben der mancipatio, gilt als verbindlich, s. w. o. S. 9; bei Ableugnung: Strafe des Doppelten;

Actio auctoritatis hat Käufer gegen Verkäufer auf das Doppelte des gezahlten Kaufpreises, wenn durch Eviktion ihm der wahre Eigentümer die Sache nimmt.

2. **Cessio in iure,** in iure cessio ist fiktive rei vindicatio irgend einer Sache ohne Rücksicht auf Manzipationsfähigkeit.

Hergang: vor dem Jurisdiktionsmagistrate erhebt der Erwerber zum Scheine Klage (vindiziert), der Veräußerer widerspricht nicht; infolge dessen spricht der Magistrat dem Erwerber die Sache zu.

3. **Traditio** ist ursprünglich nur Besitzerwerb, später — insbesondere nach Antiquierung der Formen zu 1 und 2 — Form des Eigentumserwerbes.

Erfordernisse: Tradent muß zur Uebertragung, Erwerber zur Erlangung des Eigentumes fähig sein; animus dominii transferendi und dominii acquirendi muß vorhanden sein; Kaufpreis muß gezahlt oder kreditiert sein. Fehlt diese letzte Voraussetzung, dann nur Besitzerwerb und publizianischer Schutz.

Ausnahmen: nach Zeno wird durch fiskalische Veräußerungen einer nicht dem Fiskus gehörigen Sache Eigentum erworben, der wahre Eigentümer verliert Eigentum und hat gegen Fiskus nur Entschädigungsklage, Verjährung: 4 Jahre. — Nach Justinian gilt dasselbe bei Veräußerungen durch den Kaiser oder dessen Frau.

Unterscheidungen: dominium ex iure Quiritium oder ziviles Eigentum; in bonis esse, bonitarisches oder prätorisches Eigentum.

In bonis esse ist Erwerb, der infolge formellen Mangels nach zivilem Rechte nicht als Eigentumserwerb anerkannt wird. — Im Gegensatze hierzu ist bonae fidei possessio redlicher Erwerb mit materiellem Mangel.

Bonitarisches Eigentum wird durch **publizianische** Klage und durch Einrede (exceptio rei venditae et traditae) geschützt.

Schutz des Eigentumes durch rei vindicatio und actio negatoria.

Rei vindicatio: Klage des nichtbesitzenden Eigentümers gegen den besitzenden Nichteigentümer; ausnahmsweise geht die Klage gegen den nichtbesitzenden Nichteigentümer **(fictus possessor)** in zwei Fällen: qui dolo desiit possidere und qui liti se obtulit. Anspruch richtet sich auf restitutio rei cum omni causa, also mit Früchten ꝛc.

Formel: si paret hominem quo de agitur Auli Agerii esse neque s homo arbitratu tuo Aulo Agerio restituetur, quanti ea res erit, antam pecuniam iudex Numerium Negidium Aulo Agerio condemna, s. n. p. a. — Wenn Beklagter diesem — nicht vollstreckbaren — Restitutionsbefehle nicht folgt, so kann Kläger das **iuramentum in litem** leisten (litis aestimatio) und Beklagter wird auf diesen Wert der Sache verurteilt.

Actio in rem Publiciana, eine nach dem Prätor Publizius genannte fiktizische Klage zum Schutze des Besitzes des redlichen Erwerbers gegen Minderberechtigte. Fiktion ist hier, daß die Sache ersessen sei.

Schutz der Publiciana greift dem zivilen Eigentümer gegenüber im allgemeinen nicht durch. Ausnahme: hat ziviler Eigentümer an den redlichen Erwerber selber veräußert, dann Schutz des letzteren; zwei Fälle:

a. **Eigentümer** klagt gegen Erwerber mit rei vindicatio, dann hat Erwerber exceptio rei venditae et traditae;

b. **Erwerber** hat Besitz verloren und Eigentümer hat den Besitz erlangt: Erwerber geht mit Publiciana gegen Eigentümer vor, Eigentümer verteidigt sich mit exceptio dominii, Erwerber schlägt ihn aber mit replicatio rei venditae et traditae.

Klage des Eigentümers zwecks Grenzregulierung ist actio finium regundorum.

Persönliche Klagen: actio communi dividundo, actio aquae pluviae arcendae 2c.

§ 18. Jura in re aliena.

Neben dem Eigentum giebt es **nur vier dingliche Rechte:** Superfizies, Emphyteuse, Servitut, Pfandrecht; also Zahl der dinglichen Rechte (an fremder Sache) fest begrenzt.

Superfizies: vererbliches und veräußerliches dingliches Recht, auf fremdem Grundstücke ein Gebäude zu benutzen. Superfiziar hat an diesem — von ihm errichteten — Gebäude kein Eigentum, denn **superficies solo cedit.** Superfiziar hat solarium, Bodenzins, zu zahlen. — Auch Pflanzensuperfizies möglich. — Superfizies nur über der Erdoberfläche.

Emphyteuse: vererbliches und veräußerliches dingliches Recht, fremden Boden zur Fruchtziehung zu nutzen.

Entstanden im oströmischen Reiche aus der Verpachtung von Staatsland zur Bebauung, im weströmischen aus der Verpachtung von Ländereien der Gemeinden und Kirchen (ager vectigalis); durch Justinian hieraus ein Institut geschaffen.

Begründung durch Vertrag, der nicht Pacht und nicht Kauf, sondern (nach Zeno) ein besonderer contractus emphyteuticarius ist. — Emphyteuta ist zur Zahlung des canon verpflichtet.

Privation (Entsetzung) des Emphyteuta findet statt bei:

a. Deterioration des Grundstückes;

b. Nichtzahlung des canon 3 Jahre lang, bei kirchlicher Emphyteuse schon bei 2 Jahren;

c. Nichtanzeige eines beabsichtigten Verkaufes; zum Verkaufe ist Genehmigung des Grundherrn erfordert; Grundherr kann entweder selbst eintreten, ius protimiseos, oder kann Abgabe von 2 % des Preises als laudemium verlangen.

Schutz des Superfiziars und des Emphyteuta utiliter den Klagen des Eigentümers.

Actio utilis heißt analoge Klage, nicht Klage aus nutzbringendem Eigentume; über Ober- und Untereigentum vgl. Grundriß Band 3, Seite 12.

Servitut ist dingliches Recht auf Benutzung einer fremden Sache in bestimmter Weise. Servitut kann nur auf pati oder non facere gehen, denn servitus in faciendo consistere nequit; Ausübung hat civiliter zu geschehen.

Ausnahme (auf facere): servitus oneris ferendi ist das Recht, die Wand auf die nachbarliche Mauer zu stützen; Inhalt des Servitut ist ein pati (Stützenlassen) und ein facere (Reparatur der stützenden Mauer). Man erklärt jedoch auch Letzteres als lediglich obligatorische Verpflichtung.

Arten der Servituten sind Prädialservituten (berechtigt ist jeweiliger Eigentümer eines Grundstückes) und Personalservituten (berechtigt ist eine Person).

Einteilung der Prädialservituten in servitutes praediorum urbanorum (an Gebäuden) und servitutes praediorum rusticorum (an unbebauten Grundstücken). — Berechtigt ist ein herrschendes, verpflichtet ein dienendes Grundstück; beides ist bildlich für den jeweiligen Eigentümer gemeint. Erforderlich ist, daß Servitut dem herrschenden Grundstücke einen dauernden Vorteil gewährt, ferner zwischen beiden Grundstücken ein räumliches Einwirkungsverhältnis besteht (also Vizinität im weiteren Sinne).

Beispiele der Prädialservituten, servitutes praediorum.

a. **urbanorum** Gebäudeservituten): stillicidii, tigni immittendi, oneris ferendi, proiiciendi et protegendi, altius non toelendi, ne luminibus officiatur;

b. **rusticorum** (Felddienstbarkeiten): iter, actus, via aquaeductus, pascendi.

Personalservituten sind ususfructus, usus, habitatio, operae servorum et animalium.

Nießbrauch, ususfructus, ist das unveräußerliche Recht, alienis rebus utendi fruendi salva rerum substantia. Eigentümers kann schon vor Uebergabe der Sache eine cautio usufructuaria verlangen. — An verbrauchbaren Sachen (z. B. Geld) und Forderungen besteht quasi ususfructus.

Ziviler Erwerb der Servituten durch manicipatio oder cessio in iure (also fiktive actio confessoria), legatum Ersitzung.

Nach prätorischem Rechte durch pactio et stipulatio bei Provinzialgrundstücken, durch traditio et patientia, durch longa quasi possessio.

Untergang durch Verzicht, Zeitablauf, confusio, non usus, Untergang des dienenden Grundstückes, ferner:

a. bei Prädialservituten: Untergang des herrschenden Grundstückes;

b. bei Personalservituten: Tod des Berechtigten; ist eine Korporation Berechtigter, dann nach 100 Jahren.

Schutz des Servitutenrechtes durch actio confessoria für die nach zivilem Rechte entstandenen; für die anderen ist zu unterscheiden: actio confessoria utilis bei Begründung durch pactio oder possessio, actio Publiciana confessoria bei Begründung durch traditio.

Schutz des Servitutenbesitzes durch Interdikte.

Gegen Anmaßung einer Servitut hat Eigentümer die actio negatoria.

Pfandrecht ist ein akzessorisches dingliches Recht an fremder Sache, zwecks Sicherung des Gläubigers für eine Forderung. — Drei Entwickelungsstufen:

1. Eigentumspfand, **fiducia cum creditore:** Gläubiger erlangt Eigentum am Pfande, verpflichtet sich aber durch pactum fiduciae, nach Bezahlung Eigentum dem Verpfänder zurückzugewähren. Verpfänder hat hierauf die persönliche actio fiduciae.

2. Faustpfand, **pignus:** Gläubiger erhält Besitz und wird hierin durch den Prätor geschützt.

3. Hypothek, **hypotheca:** Pfandbestellung durch pactum ohne Besitzübertragung.

Bezeichnungen pignus und hypotheca sind später gleichgestellt: inter pignus et hypothecam tantum nominis sonus differt.

Jus distrahendi, Verkaufsrecht, war ursprünglich nicht wesentlich, mußte besonders durch pactum de vendendo vereinbart werden; Verkauf konnte dann nach einmaliger denunciatio erfolgen. Seit Kaiserzeit gilt Verkaufsrecht als selbstverständlich, jedoch wird dreimalige denunciatio verlangt; pactum de non vendendo ist möglich. Seit **Justinian** (auch schon vorher) ist Verkaufsrecht wesentlich, einmalige denunciatio genügt; pactum de non vendendo bewirkt nur, daß dreimalige denunciatio verlangt wird.

Verwirkungsklausel, **lex commissoria**: Gläubiger verlangt Eigentum, wenn Forderung nicht rechtzeitig bezahlt wird. Durch Konstantin beseitigt.

Arten des Pfandrechtes: pignus voluntarium und pignus necessarium:

voluntarium: durch Vertrag oder letztwillige Verfügung; necessarium: durch Gesetz oder Richterspruch.

1. **Gesetzliches Pfandrecht,** pignus tacitum, conventio tacita:

a. Vermieter an den invecta et illata des Mieters, Verpächter an den Früchten des Pächters;

b. pignus insulae, an einem Gebäude für ein Darlehen zu dessen Wiederaufbau;

c. für Forderungen des Fiskus aus Verträgen und für Steuern.

2. **Gerichtliches Pfandrecht:**

a. pignus praetorium bei Einweisung in den Besitz;

b. pignus in causa iudicati captum, Pfändung von Vermögensstücken infolge richterlicher Anordnung zwecks späterer Versteigerung;

c. durch adiudicatio im Teilungsprozesse.

Bei **Mehrheit von solidarischen Pfandrechten** an derselben Sache gilt prior tempore, potior iure; bei gleichem Alter entscheidet der Besitz. Jedoch Privilegien für einzelne Pfandrechte:

a. Steuerforderungen des Fiskus gehen allen privilegierten und einfachen Pfandrechten vor;

b. pignus wegen versio in rem hat jeder Gläubiger, der aus einer Aufwendung zur Erhaltung 2c. der Pfandsache Ansprüche hat;

c. Ehefrau hat durch Justinian wegen der dos ein privilegiertes gesetzliches Pfandrecht am Vermögen des Mannes. — d. Nach Leo geht das pignus publicum oder quasi publicum jeden nur durch Privaturkunde beweisbaren Pfandrechte vor.

Der **Nachmann** hat das ius offerendi et succedendi.

Untergang des Pfandrechtes durch Untergang der Sache, Termin, Verzicht, confusio, Ersitzung.

Schutz des Pfandrechtes.

a. Verpächter erhält für sein besitzloses Pfandrecht das **interdictum Salvianum** nur gegen den Pächter selbst; Zweck: Erlangung des Besitzes, also interdictum apiscendae possessionis.

b. **Actio Serviana** geht weiter, sie giebt dem Verpächter auch gegenüber Dritten, welche die Pfandsachen besitzen, ein Mittel zur Erlangung des Besitzes.

c. Actio quasi Serviana oder **actio hypothecaria**: jeder Gläubiger kann Besitz verlangen; auch im Falle der ficta possessio.

Pfandrecht an Rechten, z. B. pignus nominis, gewährt dem Gläubiger das ius exigendi in Höhe seines Anspruches, d. h. Gläubiger kann den Anspruch des Verpfänders mit der actio mandata geltendmachen.

3. Kapitel:
Obligationenrecht.

§ 19. Obligatio im allgemeinen.

Obligatio ist das Recht des creditor, von dem debitor eine Leistung zu fordern.

„Obligatio" in verschiedenen Bedeutungen:

a. Verhältnis zwischen creditor und debitor;
b. Forderung des creditor;
c. Verpflichtung des debitor;
d. Verpflichtungsakt;
e. cautio, Schuldurkunde.

Paulus: obligationum substantia non in eo consistit, ut aliquod corpus nostrum aut servitutem nostram faciat, sed ut alium nobis obstringat ad dandum aliquid vel faciendum vel praestandum.

Obligatio est iuris vinculum, quo necessitate adstringimur alicuius solvendae rei secundum nostrae civitatis iura.

Im Gegensatze zur klagbaren obligatio civilis steht die **obligatio naturalis,** die zwar erfüllbar, aber nicht klagbar ist; wird eine Naturalschuld erfüllt, so liegt Zahlung vor und Schuldner hat nicht condictio indebiti.

Verschulden (culpa im weiteren, jetzt nicht mehr üblichen Sinne) hat zwei Formen: dolus und culpa im engeren Sinne.

Dolus ist arglistiges, bewußt rechtswidriges Verhalten; später, seit Einführung der actio doli, Betrug; ferner: Verstoß gegen Treu und Glauben.

Culpa im engeren Sinne ist Fahrlässigkeit. Zu unterscheiden sind: culpa in abstracto und culpa in concreto.

Bei culpa in abstracto wird unterschieden: culpa **lata** grobes Versehen und culpa **levis** geringe Fahrlässigkeit.

Culpa in concreto: nur in einzelnen bestimmten Verhältnissen.

Ort und Zeit der Leistung ist für die condemnatio pecuniaria von großer Bedeutung.

Ist Ort der Leistung bestimmt, dann kann zwar im Falle der intentio incerta an anderem Orte geklagt, nicht aber bei intentio certa, da sonst pluris petitio loco vorliegt und Abweisung des Klägers erfolgen muß. Im prätorischen Rechte ist aber durch actio de eo quod certo loco auch im zweiten Falle Klagen an anderem Orte möglich.

§ 20. Obligatio in ihrem Bestande.

Einteilung der Obligationen in ex contractu und ex delicto; hierzu treten noch: quasi ex contractu und quasi ex delicto, oder: ex variis causarum figuris.

Innominatkontrakte sind solche nicht in dem Systeme der Verträge genannte Kontrakte, die seit Labeo klagbar geworden sind; Formeln: do ut des, do ut facias, facio ut des, facio ut facias.

Zession ist nach altem Rechte ausgeschlossen, da die Obligation nicht von den Personen losgelöst werden darf; zuerst also nur Novation möglich, d. h. Vernichtung der alten Forderung und Begründung der neuen (mit anderen Subjekten) auf dasselbe Ziel gerichteten.

Zession (später zugelassen) ist Uebertragung einer Forderung auf einen neuen Gläubiger ohne Befragung des Schuldners. Zessionsakt ist die Uebertragung selbst; Zessionsgrund ist verschiedenartig.

Endigung der Obligation erfolgt durch:

1. Erfüllung in der Form, Art 2c. wie verabredet;

2. datio in solutum befreit nur bei Einwilligung des Gläubigers; nach den Sabinianern und Justinian tritt Befreiung unmittelbar ein (nicht bloß mittels Einrede);

3. compensatio est debiti et crediti inter se contributio (Modestinus); Arten: voluntaria und necessaria; Voraussetzungen: Gleichartigkeit, Liquidität. Durch die compensatio gelten die beiden Ansprüche vom Beginne ihres Nebeneinanderbestehens an als aufgerechnet, ipso iure compensari;

Insbesondere: **argentarius** darf nur agere cum compensatione, d. h. nur in Höhe des Saldos, sonst liegt pluris petitio vor; —

4. acceptilatio ist formelle Aufhebung einer Stipulationsschuld.

§ 21. Mehrheit von Obligationen.

Korrealobligation: mehrere rei stipulandi (Gläubiger) lassen sich die Leistung in solidum versprechen; oder: mehrere rei promittendi (Schuldner) versprechen in solidum; die Korrealobligation entsteht außer durch Vertrag auch durch letztwillige Verfügung.

Solidarobligation: aus Delikt.

Unterscheidung (nach von Keller und Ribbentrop):

a. **Korrealobligation** ist una, tota obligatio, ein einheitlicher Akt; Solidarobligation hat viele selbständige Verpflichtungen;

b. **Solidarobligation** geht nur durch Erfüllung unter, Korrealobligation hingegen schon durch Litiskontestation mit einem — wenn auch zahlungsunfähigen — Schuldner; Justinian hat diesen Unterschied beseitigt.

Adstipulator ist ein zweiter Gläubiger, der dem Hauptgläubiger in dessen Auftrage beigefügt wird, namentlich zwecks Stellvertretung.

Durch die lex Aquillia cap. 2 hat der Hauptgläubiger (stipulator) gegen den adstipulator eine Klage, wenn dieser in fraudem stipulatoris den Schuldner durch acceptilatio befreit hat.

Adpromissor ist ein zweiter Schuldner, der neben den Hauptschuldner tritt, und zwar als sponsor, fideipromissor, fideiiussor:

a. **sponsio** wird mit der Formel idem dare spondes, spondeo begründet; nur für römische Bürger, nur für Stipulationsschuld, unvererblich.

b. **fideipromissio:** idem fide promittis, promitto; auch für Peregrinen, nur für Stipulationsschuld, unvererblich.

c. **fideiiussio:** id fide tua esse iubes, iubeo; auch für Peregrinen, für jede Schuld, vererblich; die fideiiussio ist allein ins spätere Recht übergegangen.

Beneficia des Bürgen: excussionis, divisionis, cedendarum actionum.

Bürgschaftsgesetze:

1. lex Publilia: sponsor hat gegen den Hauptschuldner die actio depensi wegen seiner Zahlung; später hierfür Mandatsklage.

2. lex Appuleia: der eine von mehreren Mitbürgen bei sponsio und fideipromissio kann wegen seiner Mehrzahlung bei seinen Mitbürgen Regreß nehmen;

3. lex Furia de sponsu (nur in Italien): sponsor und fideipromissor haften nur zwei Jahre; mehrere Bürgen haften nur anteilig.

Interzession ist Eintreten in fremde Verbindlichkeit, und zwar:

a. kumulativ, z. B. Bürgschaft,

b. privativ unter Beseitigung der bestehenden Obligation (z. B. Novation) oder unter sofortiger Uebernahme fremder Schuld, ohne daß Dritter erst gebunden wird.

Nach dem **SC Vellaeanum** sind Interzessionen der Weiber unwirksam, und zwar so, daß die Frau gegen die ev. Klage eine exceptio hat. Ausnahme: Frau hat den Gläubiger getäuscht oder dieser hat entschuldbar geirrt oder Frau hat sich für das Interzedieren eine Prämie bezahlen lassen; in diesen Fällen ist Interzession wirksam.

Nach **Justinian:** Interzessionen sind im allgemeinen nichtig (also nicht bloß anfechtbar); giebt aber die Frau ihre Interzessionserklärung in einer öffentlichen Urkunde ab, dann bloß anfechtbar.

§ 22. Ex contractu.

Contractus ist der klagbare, unter consensus der Parteien zustandegekommene Vertrag, der eine der vier causae civiles hat nämlich: verba, literae, res, consensus.

1. **Verbalkontrakt** wird in bestimmten Wortformeln geschlossen, z. B. centum dare spondes, spondeo.

Arten: stipulatio, dotis dictio, iuratae operae libertorum (Dienste, die der Freigelassene dem Patrone eidlich zusagt).

2. **Literalkontrakt** ist die Eintragung einer bestehenden Schuld in den codex accepti et expensi.

Hierdurch wird eine Novation bewirkt: statt der alten Forderung besteht jetzt ein nomen transscripticium.

3. **Realkontrakte** kommen durch Hingabe der res zustande. Die vier Realkontrakte sind: mutuum, commodatum, depositum, pignus.

Hierzu treten noch die **Innominatkontrakte,** für die die actio praescriptis verbis gegeben worden ist. Insbesondere:

a. **contractus aestimatorius,** Trödelvertrag: Eigentümer übergiebt seine Sache dem Trödler unter einem

Schätzungspreise zwecks Veräußerung; Trödler hat entweder Sache zurückzugeben oder die Schätzungssumme zu zahlen.

b. **permutatio,** Tausch.

4. **Konsensualkontrakte** kommen durch nudus consensus zustande; die vier Konsensualkontrakte sind: emtio venditio, locatio conductio, mandatum, societas.

Quasi ex contractu sind nach Gajus: negotiorum gestio, tutela, legatum per damnationem, condictio indebiti.

§ 23. Ex delicto.

Privatdelikte sind furtum, rapina, damnum iniuria datum, iniuria, dolus, metus.

Insbesondere: **lex Aquillia** 287 v. Ch.:

1. im ersten Kapitel: Tötung eines fremden Sklaven oder Vierfüßers;

2. im dritten Kapitel: andere Beschädigungen durch urere oder frangere. —

Noxalklage geht gegen den Eigentümer, wenn ein quadrupes contra naturam wild wird und Schaden anrichtet. Der Zusatz „sui generis“ (zu contra naturam) ist von den Glossatoren hinzugefügt. — **Actio de pauperie** auf Schadensersatz oder noxae deditio; pauperies heißt hier nicht Armut, sondern Schaden.

Quasi ex delicto nach Gajus: iudex qui litem suam facit, receptum, actio de effusis vel deiectis.

4. Kapitel:

Familien- und Erbrecht.

§ 24. Dotalrecht.

Dos ist ein Beitrag der Frau zu den Kosten der Ehe; was nicht dos ist, heißt Paraphernalgut.

Bestellung der dos durch dotis datio, dotis promissio, dotis dictio, später auch pollicitatio dotis.

Dotalklagen vor Justinian:

1. **actio rei uxoriae** ist die Klage der geschiedenen Frau gegen ihren früheren Mann auf Rückgabe der dos; jedoch kann nur eine Frau sui iuris Klage anstrengen, sonst (alieni iuris) kann klagen der pater adiuncta persona filiae. Ist aber die Frau gestorben, so geht die Klage nur bei Verzug des Mannes auf ihre Erben über.

2. **actio ex stipulatu** ist vererbliche Klage des Bestellers gegen den Mann.

Durch Justinian ist actio rei uxoriae beseitigt. Frau hat stets actio ex stipulatu, indem mangels einer wirklichen Stipulation eine stillschweigende Stipulation als abgeschlossen fingiert wird.

Kein Alimentationsanspruch der Frau: der Mann muß sie zwar begraben, aber braucht sie nicht ernähren.

§ 25. Universalfideikommiß.

Fideikommiß kann sich auf einzelne Vermögensstücke oder auf die ganze (oder teilweise) Erbschaftsmasse beziehen; im zweiten Falle liegt Universalfideikommiß vor.

Obwohl **Universalfideikommissar** gesamte Erschaft erhält, ist dennoch der heres fiduciarius Universalsukzessor des Erblassers. Hat der Erbe nur geringen Teil oder nichts von der Erbschaft, dann hat er kein Interesse anzutreten, zumal er als heres den Gläubigern verbunden bleibt.

SC Trebellianum: hat Erbe die Erbschaft herausgegeben, dann steht der Universalfideikommissar den Gläubigern für die Erbschaft ein und hat auch die Klagen gegen die Erbschaftsschuldner; damit hat der Fideikommissar Erbenqualität. — Alles dies gilt nur unter der Voraussetzung, daß heres antritt; dies von seinem Belieben abhängig.

Durch **SC Pegasianum** erhält der heres das Recht, sich ev. die quarta falcidia vom Fideikommisse abzuziehen; weigert er sich aber anzutreten, dann verliert er die Quart und Fideikommissar gilt als Universalsukzessor.

Justinian hat das SC Pegasianum beseitigt, das SC Trebellianum aber modifiziert:

a. Universalfideikommissar gilt in allen Fällen (auch wenn heres antritt) als Universalsukzessor;

b. bei freiwilligem Antritte des heres wird Quartalabzug gewährt;

c. bei Verweigerung des Antrittes wird heres gezwungen, verliert jedoch die Quart, Unversalfideikommissar wird Universalsukzessor.

FSC
www.fsc.org
MIX
Papier | Fördert
gute Waldnutzung
FSC® C083411

Kolibri 360 GmbH
Ferdinand-Jühlke-Straße 7
99095 Erfurt, Deutschland
produktsicherheit@kolibri360.de